Die kleine Bibliothek

STERNZEICHEN

arsEdition

Deutsche Textfassung: Gisela Schilling
Originalausgabe: © 1992 by Armand Eisen,
Andrews & McMeel, Kansas City, Missouri (USA)
Gestaltung: Diane Stevenson / SNAP · HAUS GRAPHICS
Vorsatzpapier: © 1985 Katherine Radcliffe
Printed in Hong Kong · ISBN 3-7607-8543-3

Einführung

Die frühesten uns bekannten astrologischen Aufzeichnungen stammen aus der Zeit um 400 v. Chr. aus Babylonien. Die Kunst der Sterndeutung ist jedoch viel älter. Ihre Anfänge reichen zurück bis in vorgeschichtliche Zeit.

Als die Menschen anfingen, sich Gedanken über ihren Platz im Universum zu machen und dazu den Nachthimmel betrachteten, entdeckten sie bestimmte Veränderungen im Jahreslauf. Sie erkannten, daß manche Himmelskörper einen festen Platz hatten, während sich andere auf seltsamen Bahnen bewegten, ja manchmal sogar rückwärts über den Himmel zu wandern schienen.

Bis zur Renaissance, als wissenschaftliche Theorien entwickelt wurden, um die seltsamen Planetenbewegungen zu deuten, bargen diese Vorgänge für die Menschen eine mystische Faszination, ja, waren für sie geradezu Magie.

Nach und nach fügten die Astrologen ihre Erkenntnisse zu einem Erklärungssystem zusammen. Der Tierkreis, ein Himmelsgürtel, der die Erde umringt, wurde in zwölf Zonen oder »Zeichen« eingeteilt, denen bestimmte Eigenschaften zugeordnet wurden.

Wenn wir von »Sternzeichen« sprechen, meinen wir genau gesprochen »Sonnenzeichen«. Sie geben nämlich an, in welchem Zeichen des Tierkreises die Sonne zum Zeitpunkt der Geburt eines Menschen stand (z.B.:

zwischen dem 22. Januar und 21. Februar im Zeichen des Wassermanns, dem »Sonnenzeichen« der in dieser Zeit Geborenen.)

Die zwölf Zeichen des Tierkreises setzen sich aus bestimmten Elementen und Eigenschaften zusammen. Die vier Elemente sind Feuer, Erde, Luft und Wasser. Feuer ist kreativ, Erde materialistisch, Luft intellektuell und Wasser emotional. Eng verbunden mit diesen Elementen sind drei charakterliche Merkmale: Durchsetzungskraft, Basis für Führungseigenschaft; Beharrlichkeit, Garant für Stabilität; Wandlungsfähigkeit, gut für Veränderung.

Jedes Zeichen ist eine Kombination aus bestimmten Elementen und Eigenschaften. Im Widder z. B. vereint sich Kreativität und Durchsetzungskraft zur Führungspersönlichkeit.

Jedes Zeichen wird außerdem mit bestimmten Körperteilen assoziiert, die zu dem jeweiligen Tiersymbol in Bezug gebracht werden. Der Stier z. B. gebietet über Nacken und Kehle; und es heißt daher auch, die in diesem Zeichen Geborenen seien »stiernackig«.

Das »Sonnenzeichen« ist nur ein Teil der Persönlichkeit, wenn auch ein sehr wichtiger. Daneben sind andere Faktoren ausschlaggebend. Der Mond spielt eine wichtige Rolle. Da seine relative Position am Himmel ständig wechselt, kann sich das Mondzeichen eines Menschen von seinem Sonnenzeichen erheblich unterscheiden. Auch der Aszendent, d.h. der Schnittpunkt von Tierkreis und Horizont zum Zeitpunkt der Geburt, ist von großer Bedeutung für das Horoskop.

Darüber hinaus ist die Konstellation einiger Planeten von entscheidender Bedeutung:

Merkur, in der antiken Mythologie Bote der Götter, ist zuständig für das menschliche Miteinander und die Kommunikation. Er steht der Sonne nahe und befindet sich meist im selben Zeichen. Seine Position entscheidet darüber, wie man denkt und wie man diese Gedanken mit anderen teilt.

Venus, die Göttin der Liebe, beeinflußt das passive Element von Liebe und Sexualität. Ihre Stellung im Horoskop gibt Aufschluß darüber, wie körperliche Erfüllung erlebt wird.

Der Mars gebietet über die aktive Sexualität. In der Mythologie war Mars der Gott des Krieges. Er steht für Aggression und positive Kräfte. In manchen Zeichen kann Mars auf eine energische Persönlichkeit hindeuten; in passiveren Zeichen wie Krebs oder Fische ist er zurückhaltender.

Jupiter regiert die Welt der äußeren Beziehungen: wie man sie sieht, und wo man seinen Platz hat. Er ist zuständig für Glück, Gerechtigkeit, Schicksal eines Menschen.

Saturn hat sogar noch stärkeren Einfluß auf den Menschen, denn er bestimmt den sozialen Status und die Grenzen. Etwa alle achtundzwanzig Jahre kehrt Saturn zur Geburtskonstellation zurück. Diese Zeit kann große Krisen auslösen und entscheidende Wendepunkte markieren.

Die äußeren Planeten, Uranus und Neptun, haben mehr mit Gruppen von Menschen als mit Individuen zu tun. Sie sind Jahre unterwegs von einem Zeichen zum anderen, und ihr Einfluß kann Generationen umspannen. Uranus ist zuständig für neue Ideen und neue Technologien. Neptun herrscht über die Mode und ist vielleicht der Grund, weshalb ein Look in einem Jahr in und im nächsten out ist ... Pluto ist mit dem Verborgenen befaßt, mit dem Unterbewußtsein, Untergrundbewegungen, Revolution, Wiedergeburt und Tod.

Aber nicht nur Menschen haben ein Sternzeichen, wie allgemein angenommen wird, sondern alles und jedes, dessen Entstehungszeitpunkt datierbar ist – sei es nun die Partnerschaft, ein Gebäude, eine Organisation oder Institution, – und trägt so einen bestimmten Charakter.

Obwohl der Sonnenstand im Tierkreis den stärksten Einfluß auf unseren Charakter in astrologischer Hinsicht hat, lohnt es doch die Mühe, auch die Stellung all der anderen Planeten herauszufinden und so ein komplettes Horoskop für uns selbst, für unsere Freunde und unsere Nächsten zu erstellen. Es kann unser Verständnis füreinander fördern, kann uns begreiflich machen, warum wir manchmal so und nicht anders handeln und uns zum Bewußtsein bringen, über welche erstaunliche Vielfalt kollektiver menschlicher Erfahrung wir verfügen können.

WIDDER

21. MÄRZ – 20. APRIL

Der Widder ist das erste Zeichen im Tierkreis. Die in diesem Zeichen Geborenen sind kühn und kreativ, immer an der Spitze, wenn es gilt Neuland zu erobern oder neue Karrieren zu starten. Es ist das Zeichen der Forscher und Ingenieure.

Wie der Widder sind die in seinem Zeichen Geborenen eigensinnig, energisch und impulsiv. Diese Impulsivität bringt sie oft in ernsthafte Schwierigkeiten, aber sie befreien sich relativ schnell aus jeder prekären Lage, schütteln sich ein bißchen und stürzen sich in das nächste Abenteuer.

Planet: Mars
Element: Feuer
Charakter: Positiv, männlich
Größter Wunsch: Führen
Tag: Sonntag
Körperteil: Kopf
Speisen und Getränke: Porree, Schalotten, Cayenne-Pfeffer, scharf gewürzte Speisen
Tiere: Schafe, Schafböcke
Farbe: Rot
Schmuckstein: Amethyst, Diamant
Metall: Eisen
Pflanzen: Distel
Blume: Geißblatt
Glückszahl: 5
Schlüsselwörter: Enthusiastisch, jugendlich, hoffnungsvoll, egoistisch

PARTNERSCHAFT

WIDDER UND …

Widder · Eine kurze, atemberaubende Beziehung. Zwei Widder können ein ziemliches Feuerwerk abbrennen, aber wenn sie zusammenstoßen – und das werden sie sehr bald – sind die Kämpfe fürchterlich.

Stier · Kann eine fruchtbare Verbindung sein. Die praktische Veranlagung des Stiers kann die Kreativität des Widders in erfolgreiche Bahnen lenken.

Zwilling · Die Hauptattraktion in dieser Verbindung wird die berühmte Schlagfertigkeit des Zwillings sein. Beide werden sich bald anderweitig orientieren, aber ihre Trennung wird freundschaftlich sein.

Krebs · Eine diffizile Beziehung. Der Widder findet sich nur schwer mit den Stimmungsschwankungen des Krebses ab und kann der empfindsamen Krabbe in einem unbesonnenen Moment tiefe Verletzungen zufügen.

Löwe · In diese Beziehung müssen beide investieren; der Widder muß den Löwen ausreichend loben, der Löwe muß sich dem Führungsanspruch des Widders beugen. Aber der Lohn ist die Mühe wert.

Jungfrau · Diese Beziehung ist ausbaufähig, erfordert jedoch Anstrengung. Der Widder kann die nötige Kreativität und Phantasie beisteuern, aber er wird lernen müssen, mit der vorsichtigen Jungfrau Geduld zu haben.

Waage · Das leidenschaftliche Feuer wird schnell von selbst verlöschen, weil der Widder nicht, wie die Waage, einen Streit mit einem Achselzucken abtun kann.

Skorpion · Eine extrem schwierige Beziehung. Beide voller Energie, fühlen sich sehr zueinander hingezogen. Aber die Herrschergelüste des Skorpions werden den Widder Reißaus nehmen lassen.

Schütze · Eine gute Verbindung. Die beiden passen sowohl körperlich wie geistig hervorragend zusammen. Jeder wird dem anderen ein aufregender, unterhaltsamer Partner sein.

Steinbock · Eine diffizile, aber gelegentlich lohnende Verbindung. Der Widder kann den vorsichtigen Steinbock von eingefahrenen Gleisen herunterbringen, die praktische Veranlagung des Steinbocks kann einige der wildesten Projekte des Widders verwirklichen.

Wassermann · Eine sehr verträgliche Kombination. Der Widder findet den Wassermann unaufmerksam aber verständnisvoll. Zwischen den beiden wird es funken, und sie werden viele neue und aufregende Erfahrungen miteinander teilen.

Fische · Eine komplexe Beziehung. Die geradezu unheimliche Intuition der Fische kann faszinierend sein. Der Widder wird achtgeben müssen; eine gedankenlose Bemerkung deprimiert die Fische oft tagelang.

STIER

21. APRIL – 21. MAI

Wie ihr Vorbild im Tierreich sind Stiere von Natur aus vorsichtig und bewegen sich gemächlichen Schrittes voran, wohl wissend, daß nicht Schnelligkeit, sondern Stetigkeit zum Ziel führt.

Stier-Geborene sind zärtlich und liebevoll. Sie scheinen von unendlicher Geduld zu sein, aber Vorsicht ist geboten. Wird diese Geduld überstrapaziert, reagiert der Stier mit einem ungeahnt heftigen Wutausbruch, vergleichbar einem Vulkan, der nach jahrhundertelangem Schlummer ausbricht und gewaltige Zerstörungen anrichtet.

Planet: Venus
Element: Erde
Charakter: Negativ, feminin
Größter Wunsch: Stabilität
Tag: Freitag
Körperteile: Kehle und Hals
Speisen und Getränke: Weizen, Beeren, Äpfel, Birnen, Trauben, Spargel
Tiere: Rind
Farbe: Pink
Schmucksteine: Smaragd, grüner Achat
Metall: Kupfer
Pflanzen: Gänseblümchen, Moos, Spinat
Blumen: Rose, Mohnblume, Fingerhut
Glückszahl: 6
Schlüsselwörter: Beständig, geduldig, sicher, störrisch

PARTNERSCHAFT

STIER UND …

Widder · Eine schwierige Beziehung, die Zukunft haben kann, wenn der Stier dem Widder die führende Rolle überläßt und so die Verbindung harmonisch gestaltet.

Stier · Gemeinsam werden sie lange Spaziergänge und gutes Essen genießen. Beide werden bei Meinungsverschiedenheiten stur bleiben und vielleicht einen Vermittler brauchen.

Zwilling · Der Stier verläßt ungern ausgetretene Pfade. Der Zwilling bietet ihm neue Erfahrungen und Perspektiven. Die Beziehung wird sicher nicht dauern, aber sie bringt dem Stier die notwendige Abwechslung.

Krebs · Der Krebs ist von der Stärke und Bedächtigkeit des Stiers beeindruckt. Die Beziehung könnte lebenslang dauern.

Löwe · Obwohl sich beide liebevoll zugetan sind, wird das Geld zum Streitpunkt werden. Der Löwe ist großzügig, der Stier eher knauserig.

Jungfrau · Stier und Jungfrau können eine sehr angenehme Verbindung eingehen. Beide erdverbunden, lieben sie es, ihr Terrain abzustecken und die Verhältnisse zu klären, bevor sie sich aufeinander einlassen.

Waage · Die Waage hat eine Vorliebe fürs Abstrakte, der Stier dagegen ist sinnenfreudig und lustbetont. Die Verbindung kann gutgehen, wenn sich beide gehörig anstrengen. Eifersucht kann die Partnerschaft ruinieren.

Skorpion · Der Stier braucht Sicherheit, der Skorpion liebt die Gefahr. Die gegenseitige Attraktion ist gewaltig, und gemeinsam können sie die Welt aus den Angeln heben.

Schütze · Eine Affäre oder Freundschaft kann stimulierend sein, aber eine Ehe würde die Geduld des Stiers überbeanspruchen. Der Schütze ist einfach zu freiheitsliebend, um es irgendwo lange auszuhalten.

Steinbock · Eine sehr angenehme und geruhsame Beziehung. Der Steinbock schätzt die Entschlossenheit des Stiers, und in Geldangelegenheiten sind sie sich meistens einig (d.h. sie sind sich einig, daß Geld eine wichtige Angelegenheit ist!).

Wassermann · Der Wassermann ist ein angenehmer und anregender Partner, aber der

Stier wird bedauerlicherweise von jeder Beziehung enttäuscht sein, die tiefer geht als eine flüchtige Bekanntschaft.

Fische · Beide haben ein äußerst gefühlsbetontes Naturell. Der Stier wird zuweilen verwirrt sein von den chaotischen Gefühlsausbrüchen des Fisches, aber mit ein bißchen Geduld werden sie alle Stürme überstehen.

ZWILLINGE

22. MAI – 21. JUNI

Das Zeichen der Zwillinge ist durch einem gewissen Dualismus geprägt. Sie scheinen fast über eine gespaltene Persönlichkeit zu verfügen: eben noch zugewandt und lebenslustig, können sie plötzlich kalt und unpersönlich wirken.

Mit der Luft als Element brauchen Zwilling-Geborene eher Aufregung als Sicherheit; sie reisen gern und machen gern neue Erfahrungen. Ihr reger Verstand und ihre Schlagfertigkeit macht sie allseits beliebt, aber ihre Rastlosigkeit macht es ihnen schwer, längerandauernde Beziehungen aufzubauen.

Planet: Merkur
Element: Luft
Charakter: Positiv, männlich
Größter Wunsch: Kommunizieren
Tag: Mittwoch
Körperteile: Schultern, Arme, Nerven
Speisen und Getränke: Nüsse, Bohnen, Erbsen, Möhren
Tiere: Kleine Vögel, Schmetterlinge, Affen
Farbe: Gelb
Schmucksteine: Aquamarin, Beryll
Metall: Quecksilber
Pflanzen: Farnkraut, Immergrün
Blumen: Geißblatt
Glückszahl: 7
Schlüsselwörter: Geistreich, oberflächlich, offen, schnell

PARTNERSCHAFT

ZWILLING UND …

Widder · Die Liebe zwischen diesen beiden kann schnell entstehen und genauso schnell vergehen. Aber nach der Anfangseuphorie werden sie gute Freunde bleiben und viel Spaß miteinander haben.

Stier · Der Stier schätzt das Bekannte, Zuverlässige, Bewährte. Der Zwilling braucht Experimente, Ideen, neue Leute. Er wird sich mit dem bedächtigen Stier bald langweilen.

Zwilling · Ein Zwilling hat eigentlich schon genug Persönlichkeit für zwei Leute – und das doppelt! Ihre Partnerschaft ist aufregend und spannend, läßt sich aber nicht sehr lange aufrechterhalten.

Krebs · Der Zwilling liebt es spielerisch, der Krebs besteht auf Ernsthaftigkeit. Der Zwilling sucht neue Erfahrungen, der Krebs zieht sich am liebsten zurück. Die Beziehung wird kurz und unglücklich sein.

Löwe · Eine gute Kombination. Der Löwe ist hingerissen vom Charme des Zwillings und ist unabhängig und selbstbewußt genug, ihm den notwendigen Freiraum zu lassen.

Jungfrau · Die Jungfrau verlangt eine kontrollierte Routine, die den Zwilling erbarmungslos einschränkt. Der Zwilling wird sich einen sympathischeren Partner suchen.

Waage · Eine intellektuell fesselnde Verbindung. Zwilling und Waage denken oft ähnlich. Mißverständnisse wirken sich eher anregend als trennend aus.

Skorpion · Diese beiden mögen sich zunächst sehr, aber ihre Persönlichkeiten passen einfach nicht zusammen. Eine länger andauernde Skorpion-Zwilling-Kombination ist tatsächlich sehr selten.

Schütze · Beide teilen eine ziemlich sorglose Weltanschauung und amüsieren sich ausgezeichnet miteinander. Es fällt ihnen jedoch schwer, ihre Terminkalender abzustimmen – und die getroffenen Verabredungen nicht zu vergessen.

Steinbock · Der Steinbock hat Schwierigkeiten mit dem rastlosen Naturell des Zwillings. Er will keine Entdeckungen am Wegesrand, er will nur vorwärts. Eine länger dauernde Beziehung ist unwahrscheinlich.

Wassermann · Eine angenehme Kombination. Jeder versteht instinktiv die Bedürfnisse des anderen und kommt ihnen entgegen. Ein Feuerwerk ist es nicht gerade, aber eine Freundschaft oder sogar Ehe werden Bestand haben.

Fische · Anfangs genießen beide ihre Wandlungsfähigkeit und finden sich sympathisch. Aber der emotionale Anspruch des Fisches wird dem Zwilling lästig. Die Beziehung kann nicht lange gutgehen.

KREBS

22. JUNI – 23. JULI

Das Sternzeichen Krebs wird durch den Krebs symbolisiert. Die in diesem Zeichen Geborenen haben, wie der Krebs, eine harte aber leicht zerbrechliche äußere Hülle und ein verletzliches Innenleben. – Harte Schale, weicher Kern.

Krebse sind treu und sehr einfühlsam. Sie werden immer als erste bemerken, wenn ein Freund oder Verwandter liebevollen Zuspruch braucht. Aber ihre Empfindsamkeit zehrt an ihren Kräften. Sie sind leicht verletzbar und nicht in der Lage, sich selbst zu schützen, wenn der Panzer Risse hat.

Planet: Mond
Element: Wasser
Charakter: Weiblich
Größter Wunsch: Sicherheit
Tag: Montag
Körperteile: Brustkorb, Busen
Speisen und Getränke: Rüben, Kohl, Milch
Tiere: Schalentiere
Farbe: Violett
Schmuckstein: Smaragd
Metall: Silber
Pflanze: Haselnußbaum
Blumen: Geranie, Seerose, weiße Blumen
Glückszahl: 2
Schlüsselwörter: Launisch, nett, sympathisch, kontrolliert, diszipliniert

PARTNERSCHAFT

KREBS UND …

Widder · Der Krebs findet den Widder äußerst attraktiv, aber die Beziehung wird nicht lange dauern. Eine gedankenlose Bemerkung des Widders kann die empfindsame Krabbe zu tief verletzen.

Stier · Beide bleiben gern zu Hause und genießen ihr trautes Miteinander und ihre jeweiligen Beschäftigungen unter völligem Ausschluß der übrigen Welt. Die Phantasie des Krebses bewahrt die Partnerschaft vor Langeweile.

Zwilling · Der Zwilling ist charmant und geistreich. Aber bald wird dem Krebs klar, daß er den Charme nicht exklusiv haben kann. Die meisten Zwillinge können dem Krebs nicht die ungeteilte Aufmerksamkeit geben, die er beansprucht.

Krebs · Eine komplexe, langlebige Beziehung. Übermäßige Empfindsamkeit beiderseits kann zu Turbulenzen führen. Streitigkeiten werden schnell beigelegt, aber nicht vergessen.

Löwe · Die Kombination kann ein voller Erfolg werden. Der kontaktfreudige Löwe ist genau das, was der Krebs braucht, um seinen Panzer zu öffnen.

Jungfrau · Wann immer sich die Jungfrau kalt und anspruchsvoll gibt, findet der Krebs einen Weg, ihre liebevollen und warmherzigen Seiten aufzudecken. Kleinliche Zankereien können die Verbindung erschweren.

Waage · Eine schwierige Kombination. Keiner der beiden trifft gern Entscheidungen, und die emotionale Distanz der Waage verunsichert den Krebs zusätzlich.

Skorpion · Diese Kombination ist tief und dauerhaft. Der Skorpion gibt dem Krebs Schutz und Geborgenheit. Der Krebs erahnt instinktiv die Leidenschaftlichkeit hinter der unbeweglichen Fassade des Skorpions.

Schütze · Eine Freundschaft ist wahrscheinlicher als eine Ehe. Die lockere, ungezwungene Art des Schützen entfacht beim Krebs zu leicht die Eifersucht.

Steinbock · Eine diffizile Beziehung. Die praktische Veranlagung des Steinbocks kann der Phantasie des Krebses leicht einen Dampfer verpassen. Der Krebs dagegen fördert jene

Leidenschaften, die der Steinbock tief unter seiner dicken Haut vergraben hat.

Wassermann · Der Krebs lebt von der Intuition, der Wassermann gedeiht unter der Logik. Dank dieser Unvereinbarkeit wird die Partnerschaft von emotionalen Stürmen bestimmt sein.

Fische · Eine sehr verträgliche Kombination. Beide Sternzeichen sind sehr gefühlsbetont und phantasievoll. Dennoch können beide Opfer plötzlicher Depressionen und finsterer Stimmungen werden.

LÖWE

24. JULI – 23. AUGUST

Der Löwe ist das Sonnenkind des Tierkreises. Kombiniert mit dem Element Feuer, präsentiert er sich als gewinnende, kontaktfreudige Persönlichkeit. Aufmerksamkeiten genießt er wie eine Katze, der man das Fell krault. Aber wehe, die Bewunderung läßt nach, schon zeigen sich die scharfen Krallen.

Da der Löwe der Glanzpunkt jeder Gesellschaft ist und er im Geben so generös ist wie im Nehmen, wird es ihm an Zuwendung nicht mangeln.

Planet: Sonne
Element: Feuer
Charakter: Positiv, männlich
Größter Wunsch: Macht
Tag: Sonntag
Körperteile: Herz, Rückgrat, Rücken
Speisen und Getränke: Reis, Honig, Fleisch
Tiere: Löwen, Tiger
Farben: Rot, orange, gold, gelb
Schmucksteine: Bernstein, Rubin, Olivin
Metall: Gold
Baum: Eiche
Blumen: Sonnenblume, Tagetes
Glückszahl: 19
Schlüsselwörter: Kreativ, empfindsam, herrisch

PARTNERSCHAFT

LÖWE UND …

Widder · Bei den beiden werden die Funken stieben. Feuerzeichen haben gesunde Egos, und wenn sie zusammenstoßen, sollten alle unbeteiligten Zuschauer in Deckung gehen.

Stier · Eine potentielle Verbindung. Der Stier ist von der Warmherzigkeit des Löwen angezogen, dessen Extravaganz kann hingegen zu Konflikten führen.

Zwilling · Eine gute Kombination. Der charmante, unterhaltsame Zwilling amüsiert den Löwen und hütet sich, dessen natürliche Autorität in Frage zu stellen.

Krebs · Eine vielversprechende Kombination. Die Verletzbarkeit des Krebses kann unwiderstehlich sein und alle Beschützerinstinkte des Löwen wecken. Die treue Krabbe schenkt ihm ihre ungeteilte Aufmerksamkeit.

Löwe · Eine starke Kombination, aber die beiden alles überstrahlenden Sterne werden lernen müssen, Aufmerksamkeit und Bewunderung zu teilen.

Jungfrau · Die Beziehung wird schwierig werden. Der Löwe ist warmherzig. Die Jungfrau ist kalt. Eine Kombination wie Feuer und Eis.

Waage · Der Löwe findet die Jungfrau vielleicht ein bißchen zu redlich und rechtschaffen, aber ansonsten ist die Kombination elektrisierend.

Skorpion · Eine interessante Verbindung. Skorpion und Löwe können sich gegenseitig völlig neue Erfahrungen erschließen. Aber Gott behüte, es kommt zu Machtkämpfen.

Schütze · Eine gute kurzlebige Verbindung. Sie werden sich gemeinsam in Abenteuer stürzen. Aber der Löwe wird schließlich seßhaft werden wollen, was der Schütze ablehnt.

Steinbock · Steinböcke sind so zukunftsorientiert, daß sie die Gegenwart vernachlässigen, weshalb der Löwe endlich resigniert.

Wassermann · Die unorthodoxen Ideen des Wassermanns sind zwar stimulierend, aber sein endloses Analysieren läßt den Löwen die Flucht ergreifen.

Fische · Eine diffizile Kombination. Der Löwe ist schlicht verblüfft von der emotionalen Labilität und dem Märtyrerkomplex des Fisches.

JUNGFRAU

24. AUGUST – 23. SEPTEMBER

Die Jungfrau symbolisiert das sechste Zeichen im Tierkreis. Jungfrauen legen strenge Maßstäbe an sich selbst und an ethisches und moralisches Verhalten im allgemeinen. Ihre Wohnung ist immer aufgeräumt und sauber; die Kleidung ist gepflegt und harmonisch abgestimmt.

Viele Jungfrauen können besonders gut kommunizieren. Ihre Wortwahl ist präzis und klar: Nein ist eindeutig Nein! Obwohl sie manchmal allzu anspruchsvoll und kritisch sind, kann man sich in Notsituationen keinen besseren Partner wünschen, denn sie sind fähig, praktisch und dabei noch liebenswürdig.

Planet: Merkur
Element: Erde
Charakter: Negativ, weiblich
Größter Wunsch: Kristallisation
Tag. Mittwoch
Körperteile: Magen, Darm
Speisen und Getränke: Möhren, Kartoffeln, Gemüse, das im Boden wächst
Tiere: Katzen, Hunde
Farbe: Braun
Schmuck und Steine: Smaragd, Jaspis
Metalle: Nickel, Quecksilber
Baum: Apfelbaum
Blumen: Butterblume, Vergißmeinnicht
Glückszahl: 7
Schlüsselwörter: Praktisch, britisch, besorgt, intelligent

PARTNERSCHAFT

JUNGFRAU UND …

Widder · Eine für beide profitable Beziehung. Der Widder lehrt die Jungfrau ein bißchen Lokkerheit. Die Jungfrau ermuntert den Widder, vorausschauend und überlegt zu handeln.

Stier · Eine gute Kombination. Der Stier mag für die Jungfrau ein wenig unbeholfen und schlampig sein, aber sie werden angenehme und unbeschwerte Zeiten miteinander verbringen.

Zwilling · Eine unglückliche Ehe. Die Jungfrau ist entsetzt über die Verantwortungslosigkeit und Planlosigkeit des Zwillings. Ihn kränkt ihre ewige Kritik.

Krebs · Eine gute Kombination. Die Jungfrau wird, um Ärger zu vermeiden, lernen müssen, Vorschläge moderater zu formulieren. Aber ansonsten sind sich die beiden sehr sympathisch.

Löwe · Eine schwierige Verbindung. Die Jungfrau, deren Tugenden oft unterschätzt werden, nimmt dem Löwen seine ständige Buhlerei um Aufmerksamkeit übel. Außerdem haben die beiden weit auseinandergehende Ansichten zum Geld.

Jungfrau · Beide werden sich ihre Fehler und Mängel vorwerfen, aber gemeinsame Interessen werden dieses Paar zusammenhalten.

Waage · Emotional wird diese Verbindung sehr reizvoll sein. Intellektuelle Meinungsverschiedenheiten sind stimulierend.

Skorpion · Gute Kombination. Die Jungfrau wird sich ein bißchen entspannen müssen, um die Vorzüge des Skorpions wirklich schätzen zu können. Danach kann die Beziehung nur tiefer und intensiver werden.

Schütze · Eine kurzlebige Beziehung. Der Schütze kann der Jungfrau helfen, großzügiger zu sein, aber jedes Verhältnis zwischen ihnen wird auf Dauer scheitern.

Steinbock · Beide haben als Element die Erde und teilen eine Vorliebe fürs Praktische und Materielle. Um sich nicht zu langweilen, werden sie Hobbys brauchen.

Wassermann · Der Wassermann kann der Jungfrau neue Erfahrungen vermitteln, aber sobald der Reiz des Neuen verblaßt, welkt die Beziehung dahin.

Fische · Obgleich sich Fische und Jungfrau viel zu geben haben, ist Geduld vonnöten. Die Jungfrau vermittelt dem chaotischen Fisch Stabilität, und dieser macht sie mit den irrationalen Aspekten der Welt vertraut.

WAAGE

24. SEPTEMBER – 23. OKTOBER

Die Attribute der im Zeichen der Waage Geborenen, sind Balance und Harmonie. Aber die Waage ist nicht immer leicht auszubalancieren. Bei ihrer Suche nach dem Gleichgewicht sind Waagemenschen oft extremen Schwankungen ausgesetzt.

Sie gelten als weitsichtige und originelle Denker, als geborene Anführer, die nachts in Cafés herumsitzen und möglicherweise die nächste Revolution aushecken. Aber keine Sorge, für die vom Element Luft beeinflußten Waagen ist die Diskussion weit wichtiger als die eigentliche Ausführung.

Planet: Venus
Element: Luft
Charakter: Männlich
Größter Wunsch: Vereinigung
Tag: Freitag
Körperteil: Nieren
Speisen und Getränke: Weizen und Getreide, Beeren, Äpfel, Birnen, Trauben
Tiere: Reptilien
Farbe: Indigo
Schmucksteine: Diamant, Opal
Metall: Kupfer
Bäume: Esche, Pappel
Blume: Rose
Glückszahl: 3
Schlüsselwörter: Diplomatisch, fair, charmant, aggressiv

PARTNERSCHAFT

WAAGE UND …

Widder · Diese beiden können sich in kürzester Zeit voneinander angezogen und wieder abgestoßen fühlen. Beide, Widder und Waage, sind Kardinalzeichen und beanspruchen die Führungsposition.

Stier · Eine starke und stürmische Kombination. Die Waage hat die Originalität und der Stier die Kraft, um die Welt aus den Angeln zu heben. Beide werden Kompromisse machen müssen, wollen sie zusammenbleiben.

Krebs · Der Krebs kann die Ansprüche der Waage nicht erfüllen – zu emotional, zu schwierig. Eine dauernde Beziehung verlangt von beiden Geduld und Willenskraft.

Löwe · Eine feurige Beziehung. Die gegenseitige Anziehungskraft ist unwiderstehlich, aber wenn es hart auf hart kommt, muß die Waage nachgeben.

Jungfrau · Die Waage wird ziemliche Mühe haben, die Heimchen-am-Herd-Attitüde und die Knauserigkeit der Jungfrau zu tolerieren. Eine längere Beziehung ist eher unwahrscheinlich.

Waage · Diese beiden werden viel gemeinsam haben, aber es wird lange dauern, bis sie sich auf eine Art des Zusammenlebens geeinigt haben.

Skorpion · Eine stürmische Beziehung. Die explosive Eifersucht des Skorpions kann sich durch die lockeren und freien Umgangsformen der Waage verschlimmern.

Schütze · Eine gute Kombination. Der Schütze liebt seine Bewegungsfreiheit, und die Waage ist als einziges Sternzeichen in der Lage, diese Art von Freiheit zu tolerieren – solange es der Schütze schafft, ab und zu nach Hause zu kommen.

Steinbock · Wenn die beiden ein gemeinsames Ziel vor Augen hätten, wären sie vermutlich ein starkes Team, aber die Waage ist womöglich zu abgeschreckt von der Sieg-um-jeden-Preis-Attitüde des Steinbocks.

Wassermann · Diese Beziehung funktioniert vielleicht nicht nach den üblichen Regeln, aber sie kann dauern und dabei reizvoll und spannend sein.

Fische · Eine frustrierende Angelegenheit. Der Fisch kann der Waage weder den Halt noch die Richtung geben, die sie fordert und braucht. Die Beziehung scheint sich dadurch im Kreis zu drehen.

SKORPION

24. OKTOBER – 22. NOVEMBER

Der Skorpion hat als Element das Wasser, und tatsächlich ist er das sprichwörtliche stille Wasser, das tief ist. Äußerlich betrachtet, scheint der Skorpion ein ruhiger Vertreter zu sein, aber unter der Oberfläche brodeln turbulente Gefühle.

Skorpione sind oft von magnetischer Anziehungskraft, besonders für das andere Geschlecht. Sie sind leidenschaftliche Liebhaber und gute Ehepartner. Ihr eifersüchtiger Zug ist mit Vorsicht zu behandeln. Sie neigen zu nie versiegenden Rachegefühlen.

Planet: Pluto
Element: Wasser
Charakter: Weiblich
Größter Wunsch: Kontrolle
Tag: Dienstag
Körperteile: Genitalien
Speisen und Getränke: Zwiebeln, Cayenne-Pfeffer, scharf gewürzte Speisen
Tiere: Insekten, andere Wirbellose
Farben: Schwarz, purpur
Schmucksteine: Amethyst, Topas
Metalle: Stahl, Eisen
Pflanzen: Brombeerstrauch, Heidekraut
Blumen: Geranie, Geißblatt
Glückszahl: 4
Schlüsselwörter: Leidenschaftlich, energisch, warmherzig, eifersüchtig

PARTNERSCHAFT

SKORPION UND …

Widder · Eine schwierige Kombination. Der Widder kann ein ungewöhnliches Energiebündel sein und der Skorpion ein unbeweglicher Brocken. Sofern nicht einer der beiden nachgibt, wird diese Beziehung quietschend zum Stillstand kommen.

Stier · Eine gute Kombination. Anderen mag der Stier langsam und schwerfällig vorkommen, für den Skorpion ist diese Gangart gerade recht. Die beiden empfinden eine starke Zuneigung.

Zwilling · Der Zwilling ist ein aufregender Partner, aber so wankelmütig und unbeständig, daß die tief verwurzelte Eifersucht des

Skorpions immer wieder neu entflammt, mit oft verheerenden Folgen.

Krebs · In den meisten Fällen sind sich Krebs und Skorpion sympathisch und passen gut zusammen. Ihre wenigen Zusammenstöße sind heftig und hinterlassen tiefe Narben.

Löwe · Der sonnige Löwe kann den Skorpion aufheitern, aber jeder Versuch ihn zu besitzen oder zu manipulieren, geht als Schuß nach hinten los. Dispute werden leicht handgreiflich. Eine längere Beziehung ist ein riskantes Unternehmen.

Jungfrau · Keine langfristige Verbindung. Das kritische Auge der Jungfrau wird alle Fehler entdecken und den empfindlichen Skorpion nerven. Ihre kühle Distanz gibt der Beziehung den Rest.

Waage · Jede Beziehung zwischen den beiden wird stürmisch sein. Die Waage ist geselliger als der Skorpion und möchte öfter ausgehen, und außerdem gibt es Krach ums Geld.

Skorpion · Diese Kombination ist von extremen Hochs und Tiefs bestimmt. Wenn sich beide von ihrer besten Seite zeigen, leidenschaftlich und treu, kann die Beziehung gutgehen. Die Gefahr, daß sie ihre schlechten Seiten miteinander ausleben, besteht immer.

Schütze · Eine extrem kurzlebige Affäre. Der Schütze ist eine willkommene Abwechslung, aber selbst vom Skorpion nicht zu halten.

Steinbock · Kann bei beiderseitiger Geduld eine gute Kombination sein. Der Skorpion legt die gut versteckten Tugenden des Steinbocks frei, und der Bock bleibt stur an seiner Seite, was die berühmte Eifersucht des Skorpions besänftigt.

Wassermann · Eine kurzzeitige Angelegenheit. Der Wassermann liebt Gesellschaft, der Skorpion verabscheut sie. Ihre Wege werden sich schließlich trennen.

Fische · Eine perfekte Heirat. Diese beiden harmonieren emotional hervorragend. Der Fisch wird sich gern der Führung des Skorpions überlassen.

SCHÜTZE

23. NOVEMBER – 21. DEZEMBER

Das Symbol des Sternzeichens Schütze ist der Bogenschütze. Er wird oft als Zentaur, d. h. halb Mensch, halb Tier dargestellt, erhobenen Hauptes und mit gespanntem Bogen. Das Bild paßt gut zu dem Schütze-Geborenen, denn er schaut immer nach vorn und sucht die sonnigen Seiten des Lebens. Dabei ist er hochgradig kreativ, unterhaltsam und attraktiv.

Er ist nicht sehr praktisch veranlagt, aber wen stört das? Der Schütze reist gern und stürzt sich in exotische Abenteuer. Der alltägliche Trott ist nicht sein Fall, und er wird sich nie irgendwann irgendwo häuslich niederlassen wollen.

Planet: Jupiter
Element: Feuer
Charakter: Positiv, männlich
Größter Wunsch: Freiheit
Tag: Donnerstag
Körperteile: Hüften, Oberschenkel, Leber
Speisen und Getränke: Grapefruit, Rosinen, Knollengemüse
Tiere: Hirsch, anderes jagdbares Wild
Farbe: Hellblau
Schmuckstein: Türkis
Metall: Blech
Bäume: Linde, Birke
Blumen: Begonie, Löwenzahn, Nelke
Glückszahl: 6
Schlüsselwörter: Enthusiastisch, optimistisch, philosophisch, rastlos

PARTNERSCHAFT

SCHÜTZE UND …

Widder · Diese Beziehung kann dauerhaft und befriedigend sein. Da beide unter dem Einfluß des Feuers stehen, suchen sie Veränderung und Abwechslung, die sie sich gegenseitig geben können.

Stier · Frustrierend. Die schwerfällige Gangart des Stiers macht den Schützen wütend, und der Stier, der alles ernst nimmt, verübelt dem Schützen seinen sorglosen Lebenswandel.

Zwilling · Beide sind mit nie versiegender Energie gesegnet. Es wird schwierig werden, die Energie in günstige Bahnen zu lenken. Sie könnten am Ende auseinander driften.

Krebs · Die beiden sollten es besser mit Freundschaft als mit Liebe versuchen. Der Schütze findet den Krebs zu sensibel und zu ängstlich, um richtig Spaß mit ihm zu haben und das Leben zu genießen.

Löwe · Eine gute Kombination. Der Schütze schätzt die Toleranz des Löwen, der ihm die benötigte Bewegungsfreiheit läßt; andererseits ist er so interessant und attraktiv, daß der Schütze immer gerne wiederkommt.

Jungfrau · Eine Beziehung mit Problemen und Möglichkeiten. Wenn der Schütze die starre Routine der Jungfrau ertragen kann, könnte sie seinem Leben den Sinn geben, an dem es ihm oft mangelt.

Waage · Die Waage ist ein anregender, intellektueller Partner, dessen Verhaltensweisen eng mit denen des Schützen verzahnt sind. Die Waage kann dem etwas lässig dahinlebenden Schützen den nötigen Schliff verpassen.

Skorpion · Der Schütze sollte sich vor dieser Beziehung hüten. Er scheut zu enge Bindungen, und der Skorpion ist wirklich unergründlich.

Schütze · Zwei Schützen werden großartige Partner sein, aber bei der Vielfalt ihrer Interessen wird die Zeit füreinander knapp werden.

Steinbock · Eine schwierige Verbindung. Anfangs bewundert der Schütze die praktische Veranlagung des Steinbocks, aber länger damit zu leben, ödet ihn an.

Wassermann · Eine gute Kombination, die als Freundschaft anfängt und sich mehr und mehr vertieft.

Fische · Eine verworrene Geschichte. Beide sind eigentlich anpassungsfähig, aber keiner kann für die Stabilität sorgen, nach der sie sich beide tatsächlich sehnen.

STEINBOCK

22. DEZEMBER – 20. JANUAR

Der Steinbock klettert oft auf felsigen Pfaden. Da er nicht den Weg sondern das Ziel im Sinn hat, ist er in der Lage, schwierige Situationen zu meistern, und er übersieht dabei nicht die duftenden Rosen am Wegesrand.

Obwohl der Steinbock hart und störrisch scheint, ist er doch überraschend empfindsam. Eine gedankenlose Bemerkung kann ihn tagelang deprimieren, nichts kann er mit einem Achselzucken abtun. Dennoch gibt er nie auf, im Gegenteil, es gelingt ihm oft, sich selbst zu übertreffen. Zufrieden ist er erst, wenn er den höchsten Gipfel erklommen hat.

Planet: Saturn
Element: Erde
Charakter: Negativ, weiblich
Großter Wunsch: Fertigkeiten, Kenntnisse
Tag: Mittwoch
Körperteile: Knie, Haut, Knochen, Zähne
Speisen und Getränke: Nudeln, Fleisch, Gerste, stärkehaltige Lebensmittel
Tiere: Ziegen, Huftiere
Farben: Anthrazit, schwarz, grün
Schmuckstein: Smaragd
Metall: Silber
Baum: Apfelbaum
Blumen: Efeu, Stiefmütterchen
Glückszahl: 4
Schlüsselwörter: Kontaktfreudig, unverblümt, ausgewogen, unnahbar

STEINBOCK UND …

Widder · Konflikte sind in dieser Beziehung vorprogrammiert. Die beiden werden oft aneinander geraten. Sensibilität auf beiden Seiten könnte zu einer gelungenen Verbindung führen.

Stier · Beide haben als Element die Erde und damit vieles gemeinsam – den Wunsch nach Sicherheit, die Häuslichkeit und die Liebe zum Geld. Diese Verbindung müßte ein Erfolg werden.

Zwilling · Ein längeres Zusammenleben ist eher unwahrscheinlich. Die sprunghafte Art des Zwillings kann den bedächtigen Stier leicht aus der Fassung bringen.

Krebs · Der Krebs hat ziemlich oft Attacken von Selbstmitleid, was den Steinbock reizbar macht. Ein wenig Einfühlungsvermögen von seiner Seite könnte die Verbindung allerdings retten.

Löwe · Ein kurzfristiges Verhältnis. Der Steinbock ist frustriert von der pausenlosen Aufmerksamkeitshascherei des Löwen, wann immer er in Ruhe nachdenken will.

Jungfrau · Diese beiden Sternzeichen passen gut zusammen. Mögen andere die Jungfrau zu kritisch finden, der Steinbock weiß ihre praktische Veranlagung und ihre Vernunft zu schätzen.

Waage · Die beiden mögen zunächst begeistert voneinander sein, aber ohne gemeinsames Ziel wird die Beziehung in die Brüche gehen. Der Steinbock findet den Mangel an Verantwortungsgefühl unerträglich.

Skorpion · Kompromisse auf beiden Seiten können der Verbindung gut tun. Der Steinbock wird seinen Ehrgeiz zügeln müssen, um sich ausreichend um den Skorpion kümmern zu können.

Schütze · Eine unkluge Verbindung. Der Steinbock wird dem Schützen verübeln, daß er dauernd ausgehen möchte, um andere Leute zu treffen.

Steinbock · Vielleicht keine aufregende, aber dafür eine dauerhafte Beziehung. Beide nehmen das Leben und den Beruf ernst und sind in wichtigen Dingen gleicher Meinung. Freizeitaktivitäten können vermeiden helfen, daß sich Langeweile breitmacht.

Wassermann · Beide müssen sich redlich mühen in dieser Partnerschaft, denn sie betrachten das Leben von völlig entgegengesetzten Standpunkten. Den Steinbock nervt am Wassermann dessen Hang zu Clownereien.

Fische · Eine komplexe Verbindung. Die beiden werden herrliche Zeiten voller Liebe und Glück erleben. Die plötzlichen Stimmungswechsel des Fisches werden den Steinbock jedoch oft frustrieren.

WASSERMANN

21. JANUAR – 19. FEBRUAR

Die unter dem Wassermann Geborenen sind, oberflächlich betrachtet, nicht ganz normal. Kennzeichen der Wassermänner sind Genialität und unorthodoxes Verhalten bis hin zur blanken Verrücktheit. Sie scheinen Besucher aus der Zukunft oder Wesen von einem anderen Stern zu sein.

Wassermänner sind präzise Denker von wirklicher Genialität, die ihrer Zeit oft voraus sind. Sie neigen jedoch zu fixen Ideen und werden dann halsstarriger als jeder Stier. Aber wie alle mit dem Element Luft verbundenen Sternzeichen sind sie sehr gesellig und halten an Freundschaften fest, selbst bei gravierenden Meinungsverschiedenheiten.

Planet: Uranus
Element: Luft
Charakter: Männlich
Größter Wunsch: Wissen und verstehen
Tag: Samstag
Körperteile: Schienbein, Fußknöchel
Speisen und Getränke: Trockenfrüchte, Tiefkühlkost
Tiere: Adler, große Vögel
Farben: Alle Spektralfarben
Schmuckstein: Opal
Metall: Aluminium
Pflanze: Myrrhe
Blume: Orchidee
Glückszahl: 22
Schlüsselwörter: Exzentrisch, freundlich, blendend, unberechenbar

WASSERMANN UND ...

Widder · Eine sehr harmonische Verbindung. Die beiden finden das Leben auf die gleiche Weise schön, obwohl der Widder egozentrisch ist und der Wassermann genau das Gegenteil. Er wird die Dominierungsversuche des Widders eher komisch finden.

Stier · Beide haben einen ausgeprägten Willen. Der Stier wird wahrscheinlich eine tiefer gehende, ernsthaftere Beziehung suchen als der Widder. Auf Dauer wird sich Frustration einschleichen.

Zwilling · Ein anregendes Verhältnis. Der Wassermann findet im Zwilling einen stimulierenden, unterhaltsamen Partner, besonders in der Konversation. Egal ob die Beziehung kürzer oder länger dauert, beide werden die gemeinsame Zeit genießen.

Krebs · Der Wassermann täte gut daran, den Krebs nicht zu beachten. Der Krebs nimmt die Dinge viel zu ernst für den eher oberflächlichen Wasserträger und würde eine viel zu strenge Note in dessen Leben bringen.

Löwe · Diese beiden finden sehr leicht zueinander, haben aber die Tendenz zu horrenden Konflikten. Der Wassermann muß sich der Dominierungsversuche des Löwen erwehren, während der Löwe wegen der scheinbaren Gleichgültigkeit des Wassermanns grollt.

Jungfrau · Diese Partnerschaft kann nur auf einer intellektuellen Ebene von Dauer sein, alles andere führt zu Schwierigkeiten. Jungfrau und Wassermann haben völlig unterschiedliches Verhalten und Zusammenleben.

Waage · Eine wunderbare Kombination. Beide teilen die gleiche unkonventionelle Lebensauffassung. Besonders die Waage hat eine spielerische Lebensfreude, die der Wassermann bewundert.

Skorpion · Eine unglückliche Kombination. Das starke Bedürfnis des Wassermanns nach Geselligkeit entflammt die natürliche Eifersucht des Skorpions. Die Beziehung könnte ziemlich unangenehm werden.

Schütze · Eine ausgezeichnete Kombination. Der Wassermann muß vielleicht noch mehr Kreativität entwickeln, um mit dem Schützen mithalten zu können. Aber beide sind spaßliebende, unabhängige Kumpane.

Steinbock · Eine schwierige Kombination. Der Steinbock geht alles mit Vorsicht an, wodurch der Wassermann sich gebremst fühlt. Es könnte Streit ums Geld geben.

Wassermann · Eine sehr angenehme Kombination. Bei andern kann zwar leicht der Eindruck entstehen, es fehle ihrer Beziehung an Wärme, aber sie selbst sind mit dieser Art Partnerschaft sehr zufrieden. In jedem Fall haben sie viele gemeinsame Interessen.

Fische · Eine komplexe und diffizile Beziehung. Mißverständnisse sind vorprogrammiert.

FISCHE

20. FEBRUAR – 20. MÄRZ

Die Fische, das letzte Zeichen im Tierkreis, verkörpern die höchsten Ideale der Menschheit: Intellektualität, Verständnis, Empfindsamkeit und Selbstaufopferung. Unter diesem Zeichen Geborene sind unbeschreiblich fürsorglich, hingebungsvoll und großherzig.

Sie verlangen ihrerseits viel Zuwendung. Ihr Verhalten wird vom emotionalen Chaos des Wassers bestimmt, das ihr Element ist. Ihre plötzlichen Stimmungswechsel können verwirrend sein und ratlos machen. Dennoch haben die Fische etwas Unwiderstehliches, besonders in ihren Augen. Ein Blick von ihnen läßt das härteste Herz schmelzen.

Planet: Neptun
Element: Wasser
Charakter: Weiblich
Größter Wunsch: Vereinigung
Tag: Donnerstag
Körperteile: Füße
Speisen und Getränke: Gurke, Kürbis, Melone
Tiere: Fisch
Farbe: Aquamarin
Schmuckstein: Olivin
Metalle: Platin, Zinn
Pflanzen: Seegras, Moos
Blume: Seerose
Glückszahl: 11
Schlüsselwörter: Geistig, zurückgezogen, empfindsam, inspiriert

PARTNERSCHAFT

FISCHE UND …

Widder · Eine vielversprechende Kombination. Der Fisch läßt sich gern vom Widder leiten. Gleichwertiges Geben und Nehmen wird ausschlaggebend sein für eine erfolgreiche Beziehung.

Stier · Der Fisch wird sich sehr bald entscheiden müssen, ob er diese Beziehung fortführen will oder nicht, denn wenn sich der Stier einmal festgesetzt hat, ist es unmöglich, ihn wieder loszuwerden.

Zwilling · Ein kurzfristiges Verhältnis kann wundervoll sein. Aber der Zwilling ist unbeständig, besonders in der Liebe. Die schöne Zeit ist von kurzer Dauer.

Krebs · Eine sehr gute Kombination. Obwohl beide dazu neigen, sich unbedeutende Kränkungen vorzuwerfen und sie aufzubauschen, sind sie doch sensibel für die Bedürfnisse des anderen und kommen gut miteinander aus.

Löwe · Eine unsägliche Kombination. Dem Löwen fehlt das Einfühlungsvermögen für den rätselhaften, feinsinnigen Fisch. Der anspruchsvolle Löwe wird bald anderswo versuchen, Beachtung zu finden.

Jungfrau · Eine Verbindung, die die Mühe kaum verdient. Der Fisch kann die Jungfrau zwar etwas auftauen, aber die Prozedur wird schwierig sein und lange dauern. Die Anstrengung lohnt sich nicht.

Waage · Eine spannungsgeladene Beziehung. Beide passen körperlich gut zusammen. Aber sobald der Fisch einen verläßlichen Partner braucht, sucht die Waage das Weite.

Skorpion · Eine tief befriedigende Beziehung. Der Skorpion will besitzen und der Fisch ordnet sich gern unter. Der Skorpion bietet dem Fisch, wonach er sich am meisten sehnt, Stabilität und Schutz.

Schütze · Eine verheerende Kombination. Der Schütze wird dem Fisch sein übermäßiges Bedürfnis nach Liebe und Zärtlichkeit vorhalten und sich darüber lustig machen. Der Fisch wird tief verletzt zurückbleiben.

Steinbock · Eine komplexe Verbindung. Wenn sich der Steinbock damit abfinden kann, daß gegen die Stimmungsschwankungen des Fisches kein Kraut gewachsen ist, kann es eine lohnende Beziehung werden.

Wassermann · Eine sehr schwierige Beziehung. Der Fisch neigt dazu, das Verhalten des Wassermanns mißzuverstehen und immer das Schlimmste zu vermuten. Die Verbindung erfordert mehr Anstrengung, als sie wert ist.

Fische · Eine Beziehung der Extreme. An guten Tagen sind sie voneinander hingerissen, aber die geringste Provokation läßt sie kalt und launisch reagieren.